SOUVENIRS HISTORIQUES LORRAINS

J.-B. & J.-F. VILLIEZ

PÈRE ET FILS

MARCHANDS-BANQUIERS A NANCY

(1690-1789)

Par JULES RENAULD

NANCY

LUCIEN-WIÉNER
Libraire-éditeur
RUE DES DOMINICAINS, 53

HUSSON-LEMOINE
Libraire-éditeur
RUE DAMERVAL, 6

1877

Au savant Bibliophile et Numismate lorrain,

A Monsieur Jean-Baptiste THIÉRY

aïeul maternel de mes enfants,

Félix, Albert et Mathilde RENAULD,

et arrière-petit-fils

de Jean-François VILLIEZ.

Decus et honor cui patriæ monumenta,
Scriptaque servare licet.

LE

COMMERCE AU XVIIIe SIÈCLE

I

J.-B. VILLIEZ

> « Contentons-nous, de par Dieu, de ce quoy nos pères se sont contentez..... ne desaduonõs pas la fortune et condition de nos ayeux et ostons ces sottes imaginatiõs, qui ne peuvent faillir à quiconque a l'impudence de les allé guer. »
>
> MONTAIGNE.
>
> (*Essais*, ch. XLVI.)

Restauration lorraine et mesures libérales de Léopold. — L'enfant de la Savoie. — Son mariage, ses succès. — Le juge-consul. — Le marchand-grossier. — La non-dérogeance. — Les Coster. — La manufacture royale de Bains. — Un portrait de Senémont.

Une des causes qui consolidèrent le succès de la Restauration lorraine, au commencement du règne de Léopold, c'est assurément la mesure libérale par laquelle ce prince résolut d'affranchir le commerce et l'industrie de leurs plus lourdes entraves, en prenant ainsi une avance de près d'un siècle sur les réformes opérées par Turgot. Aux termes d'une ordonnance du 2 avril 1698, il était permis à tous individus, quelle que fût leur profession, à l'exception des Chirurgiens, Apothicaires et Orfévres, « d'entrer dans les Duchés, d'y lever et tenir boutique ouverte », et de travailler librement pendant cinq années sans être astreints aux prescriptions de l'apprentissage et du chef-d'œuvre. Cette autorisation fut prorogée, pour six années, par l'édit du 10 avril 1703, et indéfiniment par les ordonnances des 25 avril 1709 et 25 juillet 1710 ([1]). Ainsi attirés par la liberté du travail, non-seulement les Lorrains que le malheur des temps avait forcés de fuir, mais encore de nombreux étrangers, vinrent repeupler les États du fils de Charles V. Parmi ces derniers, se trouvait un jeune garçon à la mine ouverte et intélligente, nommé *Jean-Baptiste* VILLIEZ.

Quels furent les débuts du nouveau débarqué? Comment fit-il le dur apprentissage de la vie? Tout ce qu'on connaît, c'est qu'il était originaire de Savoie, que sa naissance remontait à l'année 1690 et qu'une forte constitution, des habitudes de sobriété et l'amour du travail, composaient tout le capital dont pouvait disposer l'humble enfant de la montagne.

Toujours est-il que, dès l'année 1716, il était déjà établi marchand, à Nancy, sur la paroisse Saint-

([1]) *Recueil des ordonnances de Lorraine*, t. I, p. 15, 331, 383 et 707.

Sébastien [1] et, quelque temps après, il obtenait la main d'Élisabeth Coster, fille d'un autre marchand bien connu, qui devait faire souche à l'une des plus honorables familles de la ville.

Grâce à son activité probe et judicieuse, Villiez franchit rapidement les degrés de la hiérarchie commerciale. De simple boutiquier, il devint marchand en gros, reconnu, comme on disait au temps de Charles III, « *marchand-grossier, ne tenant boutique ouverte et ne vendant au détail* [2] », et le suffrage des marchands, ses concitoyens, l'éleva successivement à la dignité de lieutenant et de juge-consul de Lorraine et Barrois, dans les années 1736 et 1739 [3].

La vapeur et l'électricité, mises de nos jours au service du premier venu, rendent faciles et rapides toutes les relations, et il est possible d'établir en peu de temps une société commerciale sur des bases, sinon solides, du moins étendues. Mais que d'efforts et de travaux il a coûté pour obtenir ce résultat depuis l'époque dont nous nous occupons ! et certes ce n'est pas un stérile sujet d'observations [4] puis-

(1) *Archives de Nancy*, registre de Saint-Sébastien, mariage de P. Clément, 17 novembre 1716.

(2) *Ordonnance du 10 janvier 1583*, Lionnois, *Histoire de Nancy*, t. I, p. 69 et 70.

(3) Table de cuivre conservée dans l'auditoire du Tribunal de commerce de Nancy.

(4) Voir l'intéressant travail de M. Lepage sur les transports publics en Lorraine, *Annuaire de la Meurthe, 1856*.

que l'histoire des communications et des transports publics se lie intimement à l'étude des progrès du commerce et de l'industrie. Un négociant qui s'était ménagé des correspondants sur tous les points du continent, était devenu en quelque sorte une PUISSANCE, et nos Ducs, comprenant combien ces rapports devaient contribuer au bien-être et au développement intellectuel de leurs sujets, n'avaient cessé d'encourager ceux qui se livraient au grand négoce.

Ainsi, dans une ordonnance curieuse sur la ***Police des banquets***, en date du 10 janvier 1583, Charles III, établissant une sorte d'échelle sociale pour les habitants des Duchés, avait placé les commerçants en gros au-dessus des tabellions, sergents de bailli, maires et échevins des villages, immédiatement après les officiers de justice et ceux qui ont grade de noblesse (1). Le 13 juin 1622, Henri II allait plus loin, par une autre ordonnance qui était un acheminement des marchands-grossiers vers l'anoblissement, car pour la première fois les nobles se voyaient autorisés à commercer en gros, sans dérogeance. « Pour aider à l'utilité publique », ainsi s'exprime le prince, « avons, par l'avis des gens de notre conseil, permis et permettons aux nobles de nos pays et autres y résidants, de pouvoir, sans préjudice à leur noblesse, commercer à l'advenir

(1) *Les Mœurs épulaires de la Lorraine*, par J. R., p. 92.

dans la forme que s'en suit et soubs les clauses, restrictions et modifications y contenues :

« Premièrement, qu'il sera loisible auxdicts nobles... d'achepter en gros et faire venir de dehors, ou faire manufacturer dedans le pays tous draps d'or, d'argent, de soie, de laine, camelot, toiles et futaines ; et iceux tenir en magasin pour, par après aussi, les vendre en gros aux marchands trafiquants qui tiennent boutiques ouvertes, afin de les distribuer parmi le peuple à ceux qui en auront besoin. Les mêmes pourront-ils faire du passement et fil d'or, d'argent et de soie ; comme aussi de toutes drogues, espiceries, sucres, joailleries et vaisselles d'or et d'argent, sans que pour ce que dessus il leur puisse être reproché, ni à leur postérité, d'avoir contrevenu en sorte et façon que ce soit à leur dicte noblesse : Dérogeant pour cest égard tant seulement aux ordonnances prohibitives aux nobles de commercer, etc. [1] ».

Quelque temps après son mariage, Villiez s'était associé les deux frères de sa femme, Coster aîné et Claude Coster jeune, et il devint dès lors le chef d'une de ces importantes maisons qui, aux transactions commerciales joignant les opérations de banque, contribuaient efficacement à la prospérité du pays. Le prince ne se faisait pas faute de s'approvisionner dans les magasins et même de puiser dans

[1] *Dictionnaire de Rogéville,* t. II, p. 158.

la caisse du marchand-banquier. Au changement d'état de la Lorraine, le débit de l'hôtel s'élevait à 39,173 livres 14 sous 6 deniers, sur lesquels François III avait versé à Villiez divers à-compte montant à 33,054 livres 11 sous 11 deniers (1).

Denrées coloniales, tissus, matières premières, rien ne semble étranger au domaine de l'habile commerçant. C'est par son intermédiaire que Stanislas se procura les marbres nécessaires pour le monument élevé à Louis XV sur la place royale, et l'on voit dans le compte des fondations du roi de Pologne, qu'il a été payé à la maison Villiez 22,349 livres 17 sous pour fourniture de marbre de Gênes employé à cette occasion (2).

Enfin, il existe encore aujourd'hui un grand établissement industriel créé par Villiez et qui, après plus d'un siècle, lui survit comme le couronnement de son utile et laborieuse carrière.

A une demi-lieue de la petite ville de Bains, un large chemin, ombragé par des arbres séculaires, conduit à une usine dont l'entrée ne manque pas d'un certain cachet de grandeur. Là se trouvent groupés, sur les rives du Conez, les nombreux bâtiments consacrés aux ateliers, magasins, logements

(1) État sommaire des dettes personnelles restant à la charge de S. M. I. au changement d'état de la Lorraine — en 1756. — *Manuscrit de la bibliothèque* de M. J.-B. Thiéry.

(2) *Fondations du roi de Pologne*, p. 57, art. 7 du Compte général de 1751 à 1759.

d'ouvriers et habitations du chef et des employés de l'établissement. C'est l'ancienne *manufacture royale* instituée par lettres patentes du 18 juin 1733, sur l'initiative de Villiez et de ses associés les frères Coster et Georges Puthon [1], de Remiremont. Les considérants de l'ordonnance constatent l'aptitude des concessionnaires et les immenses ressources dont ils disposent. « Ayant acquis par leurs voyages et leur application, à grands frais, les connaissances nécessaires pour parvenir à la fabrication des fers-blancs, ils sont dans le dessein d'en établir une manufacture, laquelle ils espèrent faire réussir tant à cause des fonds considérables qu'ils ont faits dans leur Société, que parce qu'étant parfaitement au fait du commerce et ayant des correspondances bien établies et bien accréditées, ils sont en état de faire connaître leur manufacture et d'avoir un débit certain des marchandises qu'ils y feront fabriquer, etc. »

La régente Élisabeth-Charlotte d'Orléans, en l'absence du prince régnant François III, son fils, avait accordé des immunités considérables aux nouveaux industriels. Ils obtenaient, en effet, le droit de prendre dans les forêts du domaine ducal tous les bois nécessaires à la construction de leurs

(1) Comme Villiez et les Coster, Puthon était originaire de Savoie. Son père, Pierre Puthon, né à Tanninges, diocèse d'Annecy, est la souche d'une famille qui compte en Savoie et en Lorraine de nombreux et honorables représentants.

bâtiments et usines, la franchise du cours d'eau sur le Conez, le monopole de toute fabrique du même genre dans un rayon de quatre lieues « ès environs » et la faculté, pour eux et leurs ouvriers, de faire paître tous leurs bestiaux dans les forêts voisines. Enfin, porte l'ordonnance : « Il nous plaît de prendre la dite manufacture sous notre protection et sauvegarde, en conséquence leur permettons de faire placer nos armes sur la porte principale d'icelle avec cette inscription : MANUFACTURE ROYALE [1]. »

Durival aime à raconter les succès obtenus, dès l'origine, par la fabrication des bords du Conez : les fers fins, les tôles et fers-blancs y atteignent immédiatement un haut degré de perfection [2].

Le privilége concédé pour trente années fut renouvelé en 1766 au profit du sieur André Valet, par un arrêt du Conseil du 11 novembre suivi de lettres patentes du 26 même mois, et depuis l'année 1777 la manufacture de Bains est restée sans interruption la propriété de la famille Falatieu. Sous l'intelligente direction du baron Joseph Falatieu, l'établissement soutint constamment son ancienne renommée, et dans toutes les expositions industrielles qui se succédèrent de 1802 à 1867, des médailles nombreuses d'or, d'argent, de bronze et des distinctions honorifiques vinrent affirmer la su-

(1) *Recueil des ordonnances de Lorraine*, t. V, p. 229.

(2) *Description de la Lorraine*, par Durival, t. I, p. 141.

périorité des fers de Bains sur tous les produits similaires [1].

Aux succès des affaires devaient se joindre les satisfactions de la famille : de son mariage avec Mlle Coster, Villiez eut cinq enfants, deux filles et trois fils, dont l'aîné, Jean-François, reprit la maison paternelle avec Laurent, son frère puîné, le plus jeune étant entré dans les ordres.

Un artiste de talent, François Senémont, a peint le portrait de Villiez. Devant un pupitre et la plume en main, le marchand-banquier semble interrompre une correspondance pour donner des or-

[1] L'usine de Bains appartient actuellement à Mme veuve Joseph Chavanc, née Falatieu. Ses fils en ont l'administration. M. Claude-Thomas Falatieu, aïeul de Mme Chavanc, acheta cette propriété le 11 juin 1777 du sieur Valet. Joseph Falatieu, fils du précédent, la vendit à un sieur Chaulin en janvier 1793 et la racheta du même en 1796. Le nouvel acquéreur y fit de nombreuses modifications, et bientôt elle fut citée comme une des plus remarquables manufactures de France. Le nombre des ouvriers s'élève à 130 ; la plupart sont logés dans l'établissement même, avec leurs familles, ce qui constitue une agglomération de 300 habitants environ. Né en 1765 et mort à Bains le 23 octobre 1840, Joseph Falatieu a été longtemps député des Vosges et en a plusieurs fois présidé le Conseil général. Il reçut la décoration et le titre héréditaire de baron, en récompense des services rendus au pays, et fut vivement regretté par tous ses ouvriers, pour lesquels il avait toujours montré la sollicitude d'un père. Il avait salué avec enthousiasme l'aurore de la Révolution française, et on aime à rappeler que, quand la patrie fut déclarée en danger, il s'empressa d'offrir à la Convention nationale cinquante fusils de guerre, sous la condition qu'ils seraient, à la paix, remis à la garde nationale de Bains.

dres dans ses bureaux. L'intelligence et l'honnêteté respirent sur cette figure, à laquelle des yeux bleus et une bouche agréablement dessinée impriment un remarquable caractère d'aménité. Cheveux poudrés, cravate, jabot et manchettes de batiste complètent, avec une veste de soie grise à reflets, le costume d'un bourgeois aisé de l'époque. Entre une écritoire et une pile d'écus, une lettre dépliée porte l'adresse de Villiez. Cette peinture n'est point datée, mais le modèle est dans la force de l'âge, il doit avoir atteint la cinquantaine et sa puissante organisation semble promettre encore une longue carrière.

C'est, en effet, à 99 ans que Villiez mourut à Nancy, le 28 novembre 1789, entouré d'une nombreuse postérité, mais après avoir eu la douleur de perdre son fils aîné, Jean-François, qui, plus particulièrement, avait été pour lui le sujet d'un légitime orgueil (1).

(1) Ces renseignements résultent des souvenirs précis conservés dans la famille Villiez, mais ne concordent pas avec le registre de la paroisse Saint-Sébastien. Nous les avons préférés à l'acte de décès, qui ne doit faire foi que de sa date et non des énonciations parfois inexactes émanées des témoins. C'est par erreur qu'il y est dit que Jean-Baptiste est ancien *premier juge-consul;* son fils Jean-François a rempli ces fonctions, mais le père a été seulement lieutenant et juge, ainsi que nous l'avons avancé sur la foi de la table de cuivre du Tribunal de commerce de Nancy.

II

J.-F. VILLIEZ

Son portrait. — Son aptitude et ses goûts. — Immense développement de sa maison de commerce. — La Kaffouse. — Le premier juge-consul de Lorraine et Barrois. — Le banquier et l'empereur Joseph II. — Son cabinet d'histoire naturelle. — Sa postérité: — Son fils François, graveur lorrain. — Conclusion.

VILLIEZ, Jean-François, fils aîné du précédent, naquit à Nancy le 10 juillet 1722. Son aïeul maternel, Jean-François Coster, le tint comme parrain sur les fonts de baptême (1). Une esquisse du temps le représente vers l'âge de neuf ans. C'est un bel enfant aux yeux noirs et aux traits fins et distingués. Il s'applique à dresser une perruche, à laquelle il présente des cerises (2). Le jeune garçon trahissait-il déjà les tendances natives qui devaient le porter vers l'étude de l'ornithologie et des sciences naturelles? En tout cas, doué de ce génie souple et multiple qui ne se refuse à rien, Villiez, sans re-

(1) *Archives de Nancy*, registre des naissances, paroisse Saint-Sébastien.

(2) Peinture attribuée à Mme François, épouse du graveur des fondations du roi de Pologne.

noncer à ses goûts, suivit, avec une intelligente ardeur, la voie qui lui était ouverte par son père, dans la carrière des affaires. Grâce à son impulsion, la maison commerciale prit de nouveaux développements. Ses relations se multiplièrent et s'étendirent sur les deux hémisphères; son renom devint si universel, qu'il suffisait, dit-on, de lui adresser une missive, avec cette seule mention : « *Monsieur Villiez, en Lorraine* », pour que la lettre pût lui parvenir.

La Kaffouse, ou entrepôt des marchandises étrangères, avait donné lieu à des abus dont le commerce de la ville s'était plaint à plusieurs reprises. Malgré deux arrêts de la Cour, notamment celui du 12 janvier 1751 [1], les difficultés se renouvelèrent et on dut recourir à un arbitrage. Les juges-consuls désignèrent Benoit Baile à l'effet de les représenter, et les notables du corps des marchands élurent à l'unanimité François Villiez pour leur arbitre.

Bientôt après il remplit les fonctions de lieutenant et de juge-consul (1763-1766), et le 7 décembre 1769, il fut, sur le choix de ses pairs, élevé à la dignité de premier juge-consul de Lorraine et Barrois. Pendant les neuf années qu'il occupa soit le siége de juge, soit le fauteuil de la première présidence, « il ne cessa, rapporte Durival, de rendre au commerce et au public les plus éclatants

[1] *Dictionnaire des ordonnances,* t. I, p. 119. — Kaffouse, des deux mots allemands *kaufen* (acheter), *hauss* (maison).

services, grâce à un dévouement sans bornes secondé par une rare intelligence [1]. »

Une charmante composition, due au pinceau brillant et facile de Girardet, rappelle un épisode de la vie du célèbre négociant. Assis dans son cabinet, Villiez discute avec un officier autrichien les conditions d'un emprunt, en présence d'un émissaire hongrois. — Au second plan, son frère, Laurent Villiez, et trois de ses fils assistent à la conférence.

Voici dans quels termes le fait est raconté par M. Noël (t. II, p. 704 du Catalogue raisonné) : « On avait annoncé à Villiez que Joseph II, passant par Nancy, devait s'adresser à lui pour se procurer l'argent nécessaire à son voyage. Craignant de ne pas avoir une somme suffisante, le banquier fit appel à la bourse de ses concitoyens, et sur-le-champ il réunit, en espèces, une somme prodigieuse pour l'époque. »

L'empereur d'Allemagne usa-t-il des fonds tenus à sa disposition ? Certains auteurs prétendent qu'il vint en France, en 1771, sous le nom de comte de Falkenstein ; Durival constate que, sous le même nom, Joseph II est passé à Nancy seulement le 12 avril 1777 [2]. Sans vider cette question de date,

[1] *Description de la Lorraine,* par Durival, t. I, p. 304 ; t. IV, p. 50.

[2] *Description de la Lorraine*, par Durival, t. I, p. 298. — — *Histoire de Marie-Antoinette,* par l'abbé Proyart et M. de Montjoie.

en rappelant le fait signalé par M. Noël et peint par Girardet, nous avons voulu donner la preuve du crédit et de la confiance dont Villiez jouissait dans nos contrées.

Instinctivement porté vers l'étude de la nature, Jean-François peut être donné en exemple à ces fils de famille qui, en vue d'un avancement d'hoirie, se refusent aux labeurs de la profession paternelle, sous prétexte de goûts scientifiques ou artistiques, goûts presque toujours stériles et qui servent de prétexte à la paresse de leur caractère.

Sans rien négliger des devoirs de sa profession, Villiez sut au contraire utiliser ses immenses relations commerciales pour créer un cabinet d'histoire naturelle, égal sinon supérieur aux plus célèbres collections connues en ce genre. En même temps qu'il était heureux de communiquer aux curieux et aux savants ce qu'il possédait, il encourageait tous les efforts faits pour propager la connaissance des sciences naturelles. C'est ainsi que M. P.-J. Buchoz, avocat au Parlement de Metz, agrégé du collége royal des médecins de Nancy, ayant résolu de publier un traité historique des plantes de la Lorraine, avec le concours des notabilités de Nancy, Villiez s'empressa de fournir une des planches de ce recueil, le *Pavot rouge*, page XI du tome IIIe. Aussi les auteurs contemporains s'accordent à dire que le musée de Villiez, non-seulement était unique en Lorraine, mais que le sagace collectionneur avait réuni ce qu'on connaissait de plus rare dans le monde entier. Un *Mémoire*, publié en 1803 par M. Justin Lamoureux, *pour servir à l'histoire littéraire du département de la Meurthe*, constate, après avoir signalé le cabinet Villiez comme l'un des plus importants de l'époque, que la vente en fut effectuée en l'an V de la République. On y remarquait, dit-il, une amphore antique de deux pieds de hauteur pêchée dans le port de Syracuse : un séjour prolongé dans la mer l'avait couverte de madrépores et de polypiers; un caïman empaillé, le serpent à sonnettes, un autre reptile de Cayenne, long de douze pieds; une collection complète des oiseaux, insectes et papillons de la Lorraine, ainsi que de l'ancien et du nouveau monde. On pouvait enfin y étudier tous les minéraux et tous les coquillages connus. Le catalogue spécial de ces richesses d'histoire naturelle, imprimé à Nancy en 1775, ne contient pas moins de 166 pages avec deux planches gravées à l'eau-forte (1). Suivant M. le docteur Godron, on transporta les collections à Manheim, où s'en fit la vente. Sous le n° 1er de ce catalogue on trouve l'indication suivante : « Une très-belle peau de zèbre, parfaitement montée sur une carcasse de bois enduite de plâtre par un très-

(1) *Catalogue du cabinet d'histoire naturelle* de feu M. Villiez, négociant de Nancy et ancien premier juge-consul de Lorraine et Barrois. — Nancy, chez Pierre Antoine et Pierre Barbier, 1775.

habile artiste. » Sans doute, ajoute le doyen de la Faculté des sciences, cette pièce rare a été laissée à Nancy à raison de son poids considérable; elle existe dans notre Musée actuel, et, bien qu'elle ait dû subir d'assez importantes réparations, on a pu conserver le moule très-solide sur lequel elle a été primitivement montée. C'est la pièce la plus ancienne de nos collections (1).

De son mariage contracté avec Marie-Xavier Didier, Villiez eut dix enfants, dont six filles toutes honorablement mariées (2). Un de ses fils, Charles, remplit pendant un certain temps les fonctions de bibliothécaire de la ville; le second, Joseph-François, après avoir été reçu avocat à la cour en 1773, occupa divers emplois publics, notamment celui de procureur-syndic de la commune, puis de receveur général. Le troisième fils, Jean-Baptiste, mourut à Manheim, grand-bailli de Baman et colonel au ser-

(1) *Journal de la Société d'archéologie lorraine,* année 1872, p. 104.

(2) Françoise Villiez, mariée à Blaise de Bregcot, officier de Saint-Louis, est l'aïeule maternelle des trois généraux Philippe, Nicolas et Jean-François, barons Christophe. — Émérite-Anne Villiez, épouse Trousset, est l'aïeule maternelle de M. J.-B. Thiery, possesseur actuel des trois tableaux décrits plus haut, de Senémont, Mme François et Girardet, et dépositaire de titres et papiers de la famille Villiez, notamment d'une correspondance échangée entre son grand-oncle, le colonel J.-B. de Villiez, de Manheim, et François de Neufchâteau, alors qu'au milieu de ses importantes fonctions Villiez s'occupait des progrès de l'agriculture, dont il voulait faire bénéficier la France, sa patrie d'origine.

vice du roi de Bavière, qui lui conféra l'anoblissement. Quant au plus jeune Villiez, François, il avait apporté en naissant un goût prononcé pour la musique et le dessin. Quoique mort à la fleur de l'âge, l'artiste précoce est l'auteur d'un certain nombre de planches à l'eau-forte, dont M. Beaupré a donné la description dans sa notice sur les graveurs nancéiens [1].

Le commerce avait été, pour Villiez, la source d'une fortune évaluée à plusieurs millions; aussi voulut-il que son quatrième fils reprît la suite de ses affaires. La résistance du dessinateur fut opiniâtre comme la volonté de son père. Ce dernier, pour obtenir plus d'obéissance, crut devoir user des moyens de sévérité mis alors à la disposition de l'autorité paternelle. Il fit incarcérer le jeune homme dans une salle des tours Notre-Dame, destinée aux fils de famille et aux officiers rebelles. Le prisonnier s'enfuit par la fenêtre, mais la corde dont il s'était servi ayant cédé, il se fit, en tombant de la hauteur du rempart, une rupture qui détermina la mort. Ne pouvant se consoler de cette perte prématurée, Villiez qui, à ce moment, souffrait d'une pleurésie contractée au jeu de paume, ne tarda pas à rejoindre au tombeau ce fils regretté, et il expira le 28 novembre 1774, à l'âge de 52 ans.

[1] *Mémoire de la Société d'archéologie,* année 1867, p. 240.

Les princes et les chefs d'armée, les hauts fonctionnaires et les écrivains, les poëtes et les artistes et en général tous ceux qui se sont fait jour par le génie et l'excellence des dons naturels, ont leur souvenir consacré dans les annales de la Lorraine; il nous a semblé que notre biographie locale devait mentionner aussi des hommes qui, pour avoir rempli un rôle plus modeste, n'en ont pas moins contribué à la prospérité du pays.

Les notes résumées sur les Villiez père et fils présentent l'histoire de plus d'un chef de nos familles contemporaines. Quand d'autres s'occupent des maisons éteintes de l'ancienne chevalerie, des Grands Chevaux de Lorraine et des fiers anoblis, si souvent humiliés par Louis XIV et rançonnés sans merci par son successeur, nous avons voulu pénétrer dans les classes moyennes, chez ces honnêtes parvenus ne devant rien qu'au travail, à l'épargne et aux bonnes mœurs, et qui ont engendré cette race forte et saine de travailleurs sachant faire leurs affaires en même temps que celles du public, de ces hommes enfin qui composent l'essaim des abeilles ouvrières dont l'impôt tire le suc le meilleur et le moins sujet à manquer.

J.-B. VILLIEZ avait adopté pour marque de commerce de sa maison, un quatre d'or à double barre, planté sur un cœur de gueules, aux trois initiales I. B. V. d'argent Cette marque était peinte sur toutes les caisses de ses bureaux et une banderole blanche flottante indiquait la date et la nature des papiers contenus dans ces caisses. M. J.-B. Thiéry en possède une, sur laquelle on lit : *Missives de 1756,* et dans la chambre du conseil du Tribunal de commerce, près du vestiaire des magistrats, il existe une petite glace avec riche bordure surmontée du cœur et du double quatre ; d'où on peut conclure que ce petit meuble est un souvenir offert par Villiez, lors de sa nomination comme juge-consul.

OUVRAGES

DANS LESQUELS VILLIEZ ET SA FAMILLE SE TROUVENT MENTIONNÉS

Recueil des ordonnances de Lorraine, t. V, p. 229.

Description de la Lorraine, par Durival, t. I, p. 141 et 304 ; t. IV, p. 50.

Rôle de la répartition générale pour le droit du joyeux avénement de S. A. R. en 1729, p. 11.

Fondations faites par le Roi de Pologne, p. 57, art. VII du compte général de 1751 à 1759.

Aldrovandus, par Buchoz, p. 266 à 277.

* *Traité des plantes*, par Buchoz ; 3e vol. (1764), p. 403 et planche XI.

Vallerius Lotharingiæ, par Buchoz (1768), p. 73 et 94.

Mémoire des juges-consuls... sur la raison qui doit affranchir le commerce du duché de Lorraine, etc., 1762, p. 50.

Catalogue du cabinet d'histoire naturelle de feu M. Villiez, négociant à Nancy et ancien premier juge-consul de Lorraine et Barrois. Nancy, 1775. In-8o.

Mémoire pour servir à l'histoire littéraire du département de la Meurthe, par Justin Lamoureux, p. 50.

Biographie des hommes marquants de la Lorraine, par Michel, p. 517.

Histoire de Nancy, par Cayon, p. 437.

Catalogue raisonné des collections lorraines de M. Noël, t. II, p. 704.

Archives de Nancy, par H. Lepage ; t. I, p. 300 et 303 ; t. III, p. 339 et 341.

Les Marseillais à Nancy, par Barthélemy, p. 328.

Le Musée d'histoire naturelle, par Godron, p. 104.

Les Graveurs lorrains, par Beaupré. — *Mémoires de la Société d'archéologie*. Année 1867, p. 240.

État sommaire des dettes personnelles restées à la charge de S. M. I. au changement d'état de la Lorraine, en 1736. Mss.

Extrait des domaines aliénés dans les duchés de Lorraine et de Bar, depuis l'année 1600. Mss.

Règlement des droits de la Caffouse de Nancy. Mss.

Table de cuivre du Tribunal consulaire de Nancy.

Nancy. — Imprimerie Berger-Levrault et Cie.

www.ingramcontent.com/pod-product-compliance
Ingram Content Group UK Ltd.
Pitfield, Milton Keynes, MK11 3LW, UK
UKHW020534180726
13839UKWH00006B/2505

9 782329 372556